독학, 왕초보 일본어 첫걸음

STEP 03

기초한자 따라쓰기

일본어
한자의 음훈
**단숨에
뛰어넘다**

BASICKANJI

LanCom
Language & Communication

일본어 한자

이 책에 수록된 한자는 외국인이 일본어를 배울 때 가장 기본적으로 배워야 150자를 수록하였습니다. 수록한자의 순서는 일본어의 50음도 순으로 배열하였으며, 쓰면서 배울 수 있도록 쓰기순서에 따라 따라쓰기와 스스로 써볼 수 있도록 하였습니다. 해당 한자의 음훈에 관련된 단어를 4~5개씩 두어 한자가 어떻게 숙어를 이루고 있는지 확인 학습할 수 있도록 하였습니다.

일본어 문자

일본어 어휘는 고유어와 한자어, 그리고 カタカナ로 표기하는 외래어로 이루어져 있습니다. 그 중에서도 한자어는 일본어 어휘의 70% 이상을 차지할 정도로 막대합니다. 다행이 우리는 일본과 같은 한자문화권에 속하여 한자숙어를 보면 그 쓰임이나 뜻을 알 수 있는 것들이 대부분입니다. 따라서 일본어 어휘 실력은 곧 한자를 얼마나 잘 읽고 쓰느냐에 따라 좌우된다고 볼 수 있습니다. 물론 우리와는 읽는 방법이 다르지만 그 원류는 중국어에서 기인하므로 발음상 매우 유사합니다.

일본의 상용한자

1981년 일본정부는 1,945자를 상용한자로 명칭을 바꾸어 지금까지 그대로 쓰고 있습니다. 또, 상용한자 가운데 1,006자를 교육한자로 지정하여 소학교 과정에서 단계적으로 습득하게 하였으며, 나머지 939자는 중학교에서 익히도록 하여 의무육 기간인 9년간에 걸쳐 1,945자를 습득하도록 하였습니다.

일본어 한자 읽기

일본어에서는 한자의 읽는 방법이 다양합니다. 예를 들면 우리는 '生'이라는 한자를 음(音)으로는 '생'이라고 읽고 '낳다'라는 뜻으로 이해합니다. 하지만 일본어에서는 음(音)으로는 **せい/しょう**로 읽고, 훈(訓)으로는 **いきる/うまれる/なま**로 읽습니다.

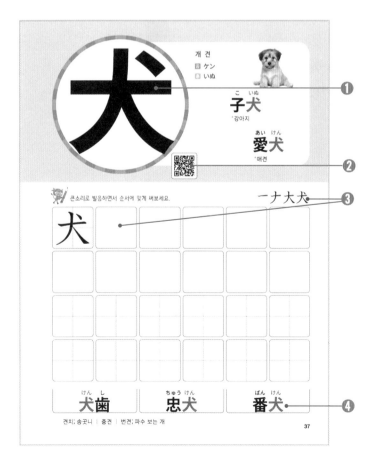

일러두기

❶

일본어 한자가 한눈에 기억되도록 크게 표기했습니다. 일본어 음훈을 큰소리로 읽어보세요.

❷

스마트폰 카메라로 QR코드를 체크하면 한자의 음훈과 숙어를 일본인의 정확한 발음으로 들을 수 있습니다.

❸

쓰기순서에 맞춰 먼저 따라쓰기를 해보세요. 천천히 따라쓰기를 모두 마친 다음 문자를 보지 말고 네모칸에 또박또박 써보세요.

❹

각각의 한자가 실제 단어에서는 어떻게 쓰이는지 확인합니다. 한자숙어 위의 히라가나는 발음이고, 그 뜻은 숙어 아래에 두었습니다. QR코드를 스마트폰 카메라로 체크하면서 단어를 큰 소리로 읽어보세요.

물론, 랭컴출판사 홈페이지(www.lancom.co.kr)를 통해서 MP3 파일도 무료로 제공하고 있습니다.

安	飲	右	雨	英	駅
円	音	家	下	何	夏
花	火	界	海	会	外
学	間	起	気	魚	京
教	金	空	計	月	犬
見	言	古	語	午	後
高	工	光	広	校	口

行	好	合	国	今	左
作	山	私	思	市	子
事	時	耳	字	自	社
者	車	手	首	習	秋
出	春	書	所	女	小
少	上	場	食	色	新
心	真	人	水	生	西
声	世	正	青	先	川
千	前	走	足	多	待

体	太	大	代	台	男
地	昼	中	長	朝	店
天	電	土	冬	東	道
同	動	読	南	肉	日
入	年	買	売	白	半
百	父	物	分	文	聞
母	方	北	木	本	毎
万	明	名	目	門	友
有	用	来	立	力	話

편안할 안

음 アン

훈 やすい

^{やす}
安い
*(값이) 싸다

^{あん ぜん}
安全
*안전

 큰소리로 발음하면서 순서에 맞게 써보세요.

安安安安安

安

^{あん しん}
安心

^{あん てい}
安定

^{ふ あん}
不安

안심 ㅣ 안정 ㅣ 불안

8

마실 음

음 イン

훈 のむ

の
飲む
*마시다

いん りょう
飲料
*음료

 큰소리로 발음하면서 순서에 맞게 써보세요.

飲飲飲飲飲飲飲

いん しょく	いん よう	し いん
飲食	飲用	試飲

음식 | 음용 | 시음

오른 우

음 ウ ユウ

훈 みぎ

みぎ き
右利き
*오른손잡이

う せつ
右折
*우회전

 큰소리로 발음하면서 순서에 맞게 써보세요.

ノ ナ ナ 右 右 右

右

う は
右派

う そく
右側

さ ゆう
左右

우파 | 우측 | 좌우

음 ウ
훈 あめ
    あま

う てん
雨天
*우천

あま がさ
雨傘
*우산

큰소리로 발음하면서 순서에 맞게 써보세요.

雨					

う き
雨期

ふう う
風雨

ばい う
梅雨

우기 ｜ 풍우 ｜ 장마; 일본에서 6-7월 상순에 걸쳐 내리는 비

꽃부리 영

음 エイ

훈 ㅡ

えい こく
英国
*영국

🐱 큰소리로 발음하면서 순서에 맞게 써보세요.

英英英英苗英英

英					

えい ご 英語	えい さい 英才	えい ゆう 英雄

영어 | 영재 | 영웅

12

えき いん
駅員
*역무원

 큰소리로 발음하면서 순서에 맞게 써보세요.

駅駅駅駅駅駅駅駅

駅

えき ちょう
駅長

えき べん
駅弁

えき う
駅売り

역장 │ 역에서 파는 도시락 │ 역에 있는 매점

둥글 원

음 エン
훈 まるい

円貨
*엔화; 일본화폐 단위

まる
円い
*둥글다

큰소리로 발음하면서 순서에 맞게 써보세요.

円 冂 冂 円

円

えん だか
円高

えん まん
円満

はん えん
半円

엔고; 엔화가 높아지는 현상 | 원만 | 반원

소리 음
음 オン イン
훈 おと
ね

おん がく
音楽
*음악

あし おと
足音
*발소리

큰소리로 발음하면서 순서에 맞게 써보세요.

音音音音音音音

音					

おん くん
音訓

はつ おん
発音

ほん ね
本音

음훈 | 발음 | 본심, 속내

가
카
ケ
いえ
や

집 음 家
훈

家庭
（か　てい）
*가정

家出
（いえ　で）
*가출

 큰소리로 발음하면서 순서에 맞게 써보세요.

家家家宀家家家

家					

家具
（か　ぐ）

家事
（か　じ）

家賃
（や　ちん）

가구 ｜ 가사 ｜ 집세

16

下

음 カ ゲ

훈 した さがる くだる

아래 하

さ
下がる
*내리다, 내려가다

ち か
地下
*지하

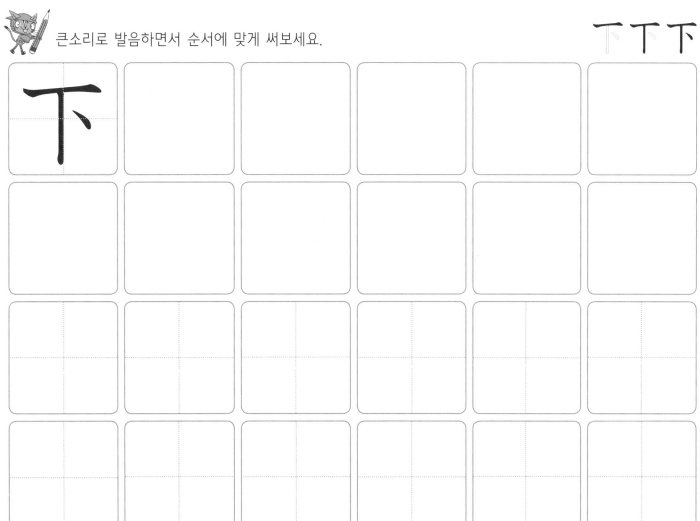

큰소리로 발음하면서 순서에 맞게 써보세요.

下 下 下

下

か はん しん	とう か	した ぎ
下半身	投下	下着

하반신 | 투하 | 속옷

17

어찌 하
음 カ
훈 なに
なん

き か がく
幾何学
*기하학

🐱✏️ 큰소리로 발음하면서 순서에 맞게 써보세요.

何					

なん こ
何個

なん にち
何日

なに ごと
何事

몇 개 | 며칠 | 무슨 일

여름 하
음 カ ゲ
훈 なつ

なつ ば
夏場
*여름철

か き
夏季
*하계; 여름철

 큰소리로 발음하면서 순서에 맞게 써보세요.

夏

りっ か
立夏

げ し
夏至

ま なつ
真夏

입하 | 하지 | 한여름

꽃 화
음 カ
훈 はな

<ruby>花<rt>はな</rt></ruby><ruby>見<rt>み</rt></ruby>
*꽃구경

<ruby>花<rt>か</rt></ruby><ruby>瓶<rt>びん</rt></ruby>
*화병; 꽃병

 큰소리로 발음하면서 순서에 맞게 써보세요.

花花花花花

花

花					

<ruby>開<rt>かい</rt></ruby><ruby>花<rt>か</rt></ruby>	<ruby>花<rt>か</rt></ruby><ruby>粉<rt>ふん</rt></ruby>	<ruby>花<rt>はな</rt></ruby><ruby>束<rt>たば</rt></ruby>

개화 | 화분; 꽃가루 | 꽃다발

火

ひ　ばな
火花
*불꽃

か　じ
火事
*화재; 불

큰소리로 발음하면서 순서에 맞게 써보세요.

火火火火

火

か　ざん
火山

ふん　か
噴火

か　さい
火災

화산 | 분화 | 화재

21

경계 계
음 カイ
훈 一

せ かい
世界
*세계

큰소리로 발음하면서 순서에 맞게 써보세요.

界

界					

ぎょう かい
業界

せい かい
政界

がっ かい
学界

업계 | 정계 | 학계

바다 해
음 カイ
훈 うみ

海辺
うみ べ
*해변

海外
かい がい
*해외

 큰소리로 발음하면서 순서에 맞게 써보세요.

海海海汃海海海

海

海岸
かい がん

海洋
かい よう

領海
りょう かい

해안 | 해양 | 영해

23

만날 회
음 カイ
エ
훈 あう

あ
会う
*만나다

かい わ
会話
*회화

큰소리로 발음하면서 순서에 맞게 써보세요.

ノ 人 ム 会 会

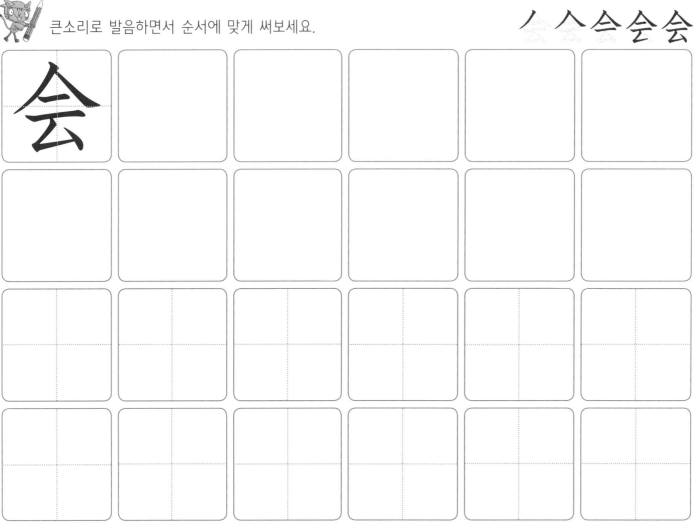

会

かい しゃ	かい ぎ	き かい
会社	会議	機会

회사 | 회의 | 기회

外

바깥 외
음 ガイ
　ゲ
훈 そと
　ほか
　はずす

がい こく じん
外国人
*외국인

そと がわ
外側
*바깥쪽

 큰소리로 발음하면서 순서에 맞게 써보세요.

ノ ク タ 列 外

外

がい しゅつ
外出

がい しょく
外食

げ か
外科

외출 | 외식 | 외과

25

배울 학

음 ガク

훈 まなぶ

まな
学ぶ
*배우다

がく せい
学生
*학생

 큰소리로 발음하면서 순서에 맞게 써보세요.

学学学学学学学

学					

がく しゅう
学習

にゅう がく
入学

りゅう がく
留学

학습 | 입학 | 유학

사이 간

음 カン

훈 あいだ
　　ま

（じ　かん）
時間
*시간

（い　ま）
居間
*거실; 거처방

 큰소리로 발음하면서 순서에 맞게 써보세요.

間 間 間 間 間 間 間 間

間					

（かん　せつ）
間接

（くう　かん）
空間

（ちゅう　かん）
中間

간접 ｜ 공간 ｜ 중간

27

일어날 기
음 キ
훈 おきる
おこる
おこす

お
起きる
*일어나다

き しょう
起床
*기상; 일어남

 큰소리로 발음하면서 순서에 맞게 써보세요.

起起起起起起起起起

起

き げん
起源

さい き
再起

はや お
早起き

기원 | 재기 | 일찍 일어남

28

気

기운 기
기 キ ケ
음
훈 一

気分
*기분

気配
*기미, 낌새

 큰소리로 발음하면서 순서에 맞게 써보세요.

気気気気気気

気					

人気	空気	湿気
인기	공기	습기

고기 어
음 ギョ
훈 うお
　 さかな

うお いち ば
魚市場
*어시장

きん ぎょ
金魚
*금붕어

 큰소리로 발음하면서 순서에 맞게 써보세요.

ノ ク 各 备 角 魚 魚 魚

魚

たい ぎょ
大魚

にん ぎょ
人魚

ねっ たい ぎょ
熱帯魚

대어 ｜ 인어 ｜ 열대어

30

서울 경
음 キョウ
ケイ
훈 ―

とう きょう
東京
*도쿄

 큰소리로 발음하면서 순서에 맞게 써보세요.

京京京京京京京

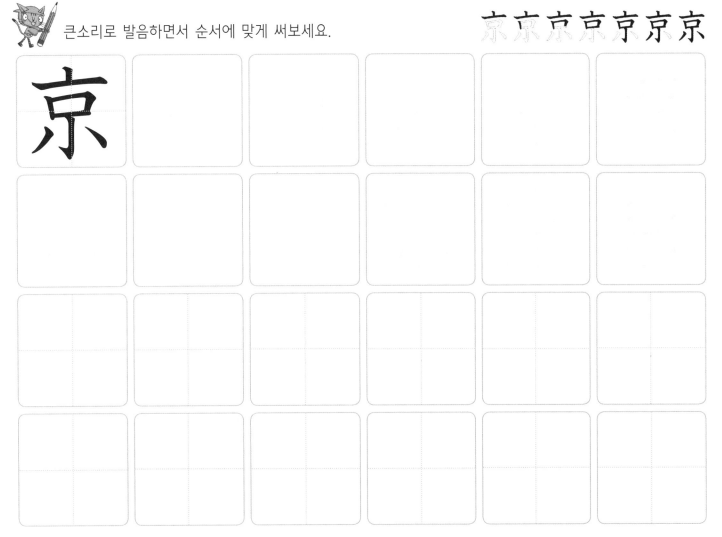

きょう と
京都

じょう きょう
上京

けい ひん
京浜

교토 │ 상경 │ 도쿄와 요코하마(横浜)

가르칠 교
음 キョウ
훈 おしえる
おそわる

おし
教える
*가르치다

きょう いく
教育
*교육

 큰소리로 발음하면서 순서에 맞게 써보세요.

一 † 教 教 孝 孝 孝 孝 教 教

教

きょう か
教科

きょう ざい
教材

しゅう きょう
宗教

교과 | 교재 | 종교

쇠 金
음 キン
　 コン
훈 かね
　 かな

きん こ
金庫
*금고

かね
お金
*돈

 큰소리로 발음하면서 순서에 맞게 써보세요.

金金全全金金金

金					

きん がく
金額

げん きん
現金

りょう きん
料金

금액 ｜ 현금 ｜ 요금

33

음 クウ
훈 そら
　　から
　　あく

くう こう
空港
*공항

あ
空く
*비다

 큰소리로 발음하면서 순서에 맞게 써보세요.

空空空空空空空空

空					

くう き
空気

くう せき
空席

じょう くう
上空

공기 | 공석; 빈자리 | 상공

34

計

셈할 계
음 ケイ
훈 はかる
　はからう

けい さん
計算
*계산

はか
計る
*세다, 재다

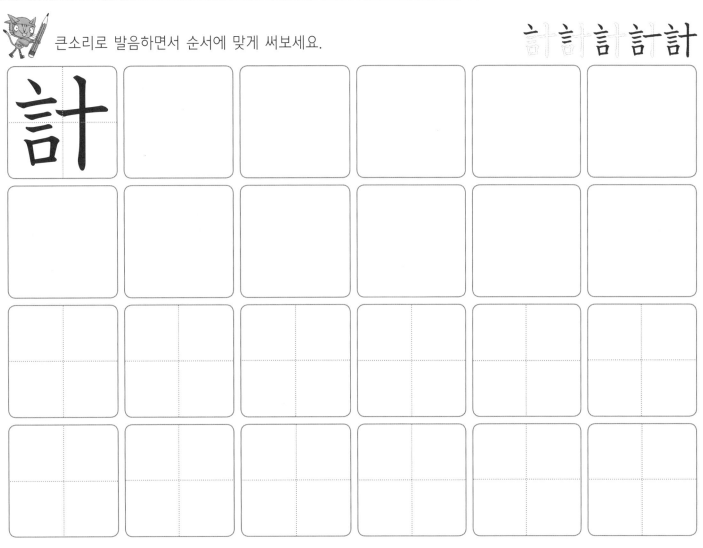

큰소리로 발음하면서 순서에 맞게 써보세요.

計 計 計 計 計

計

けい かく
計画

ごう けい
合計

か けい
家計

계획 | 합계 | 가계

35

달 월
음 ゲツ
　 ガツ
훈 つき

つき み
月見
*달구경

しょう がつ
正月
*정월, 1월

 큰소리로 발음하면서 순서에 맞게 써보세요.

月 月 月

月					

しち がつ
七月

こん げつ
今月

せん げつ
先月

犬

개 견
음 ケン
훈 いぬ

こ いぬ
子犬
*강아지

あい けん
愛犬
*애견

큰소리로 발음하면서 순서에 맞게 써보세요.

一 ナ 大 犬

犬

けん し
犬歯

ちゅう けん
忠犬

ばん けん
番犬

견치; 송곳니 | 충견 | 번견; 파수 보는 개

37

볼 견
음 ケン
훈 みる
　　みえる
　　みせる

み
見る
*보다

けん　ぶつ
見物
*구경

 큰소리로 발음하면서 순서에 맞게 써보세요.

見見見見

見					

けん　がく
見学

い　けん
意見

はっ　けん
発見

견학 ｜ 의견 ｜ 발견

言

말씀 언
음 ゲン
　 ゴン
훈 いう
　 こと

げん　ご
言語
*언어

い
言う
*말하다

日本語

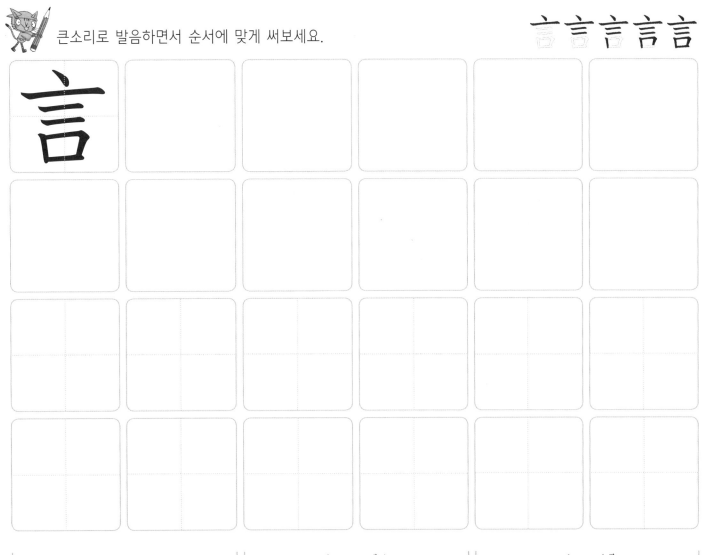

큰소리로 발음하면서 순서에 맞게 써보세요.

言言言言言

言

はつ　げん
発言

ゆい　ごん
遺言

こと　ば
言葉

발언 | 유언 | 말

옛 고
음 コ
훈 ふるい

古典
*고전

古い
*오래되다, 낡다

 큰소리로 발음하면서 순서에 맞게 써보세요.

古古古古古

古代　　中古　　考古学

고대 ｜ 중고 ｜ 고고학

말씀 어

음 ゴ

훈 かたる
かたらう

******

かた
語る
*말하다, 이야기하다

たん ご
単語
*단어

 큰소리로 발음하면서 순서에 맞게 써보세요.

語語語語語語語語

語					

ご がく
語学

げん ご
言語

に ほん ご
日本語

어학 | 언어 | 일본어

午

낮 오 ㅡ ㄱ ㅗ 音
音 훈

午前
*오전

큰소리로 발음하면서 순서에 맞게 써보세요.

ノ 广 午 午

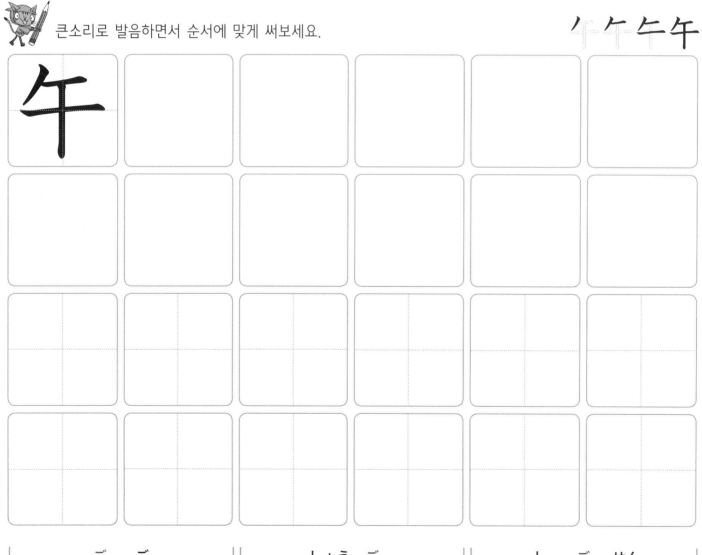

午

午後	正午	子午線

오후 | 정오; 한낮 | 자오선

42

뜻 뒤
음 후
ゴ
コウ
훈 のち
うしろ
あと

うし
後ろ
*뒤

さい　ご
最後
*최후; 마지막

 큰소리로 발음하면서 순서에 맞게 써보세요.

クク 後 後 後 後 後 後 後

後

い　ご
以後

ぜん　ご
前後

こう　はい
後輩

이후 ㅣ 전후; 앞뒤 ㅣ 후배

43

높을 고
음 コウ
훈 たかい
　たかまる

たか
高い
*높다, (값이) 비싸다

こう きゅう
高級
*고급

 큰소리로 발음하면서 순서에 맞게 써보세요.

高高高高高

こう か	こう てい	さい こう
高価	高低	最高

고가 | 고저; 높낮이 | 최고

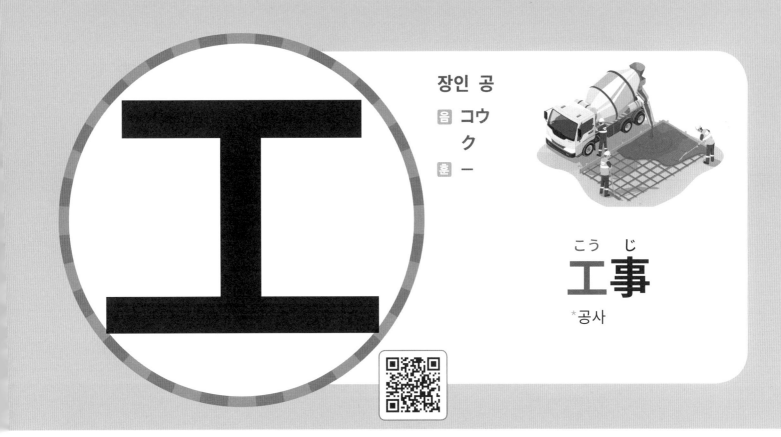

工

コウ
ク

—

장인 공

こう じ
工事
*공사

큰소리로 발음하면서 순서에 맞게 써보세요.

工 工 工

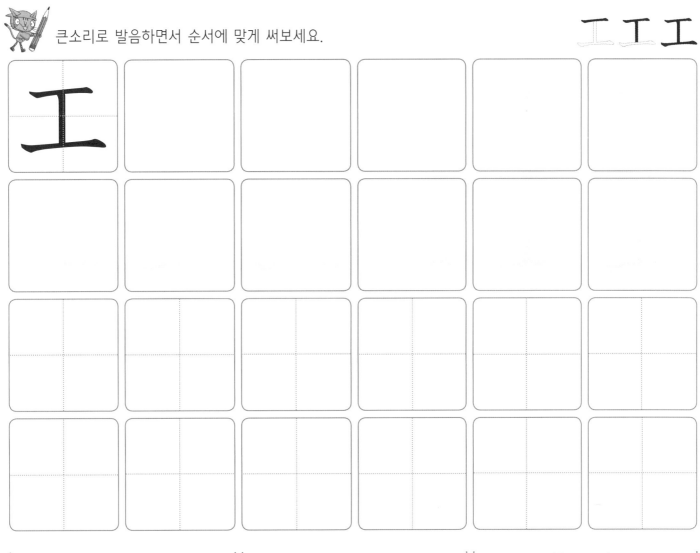

工

こう ぎょう
工業

じん こう
人工

だい く
大工

공업 | 인공 | 목수

45

빛 광
음 コウ
훈 ひかる
ひかり

ひか
光る
*빛나다

こう せん
光線
*광선

큰소리로 발음하면서 순서에 맞게 써보세요.

光光光光光

光

かん こう
観光

や こう
夜光

えい こう
栄光

관광 | 야광 | 영광

넓을 광

음 コウ

훈 ひろい
ひろがる

こう こく
広告
*광고

ひろ
広い
*넓다

 큰소리로 발음하면서 순서에 맞게 써보세요.

広広広広

広					

こう だい
広大

こう や
広野

こう はん い
広範囲

광대 | 광야 | 광범위

학교 교
음 コウ
훈 一

<ruby>学<rt>がっ</rt></ruby><ruby>校<rt>こう</rt></ruby>
*학교

 큰소리로 발음하면서 순서에 맞게 써보세요.

一十才才才校校校

校

<ruby>校<rt>こう</rt></ruby><ruby>長<rt>ちょう</rt></ruby>
校長

<ruby>校<rt>こう</rt></ruby><ruby>庭<rt>てい</rt></ruby>
校庭

<ruby>小<rt>しょう</rt></ruby><ruby>学<rt>がっ</rt></ruby><ruby>校<rt>こう</rt></ruby>
小学校

교장 | 교정; 학교 마당 | 초등학교

48

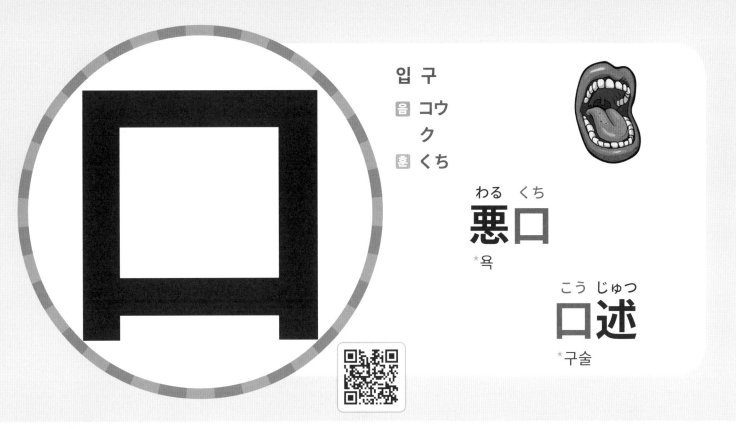

입 구
음 コウ
　　ク
훈 くち

わる くち
悪口
*욕

こう じゅつ
口述
*구술

큰소리로 발음하면서 순서에 맞게 써보세요.

口

じん こう
人口

り こう
利口

く ちょう
口調

인구 ｜ 영리함, 똑똑함 ｜ 어조; 말투

49

갈 행
음 コウ
　　ギョウ
훈 いく
　　ゆく
　　おこなう

ぎん こう
銀行
*은행

い
行く
*가다

 큰소리로 발음하면서 순서에 맞게 써보세요.

行行行行

行

こう どう
行動

ぎょう じ
行事

ぎょう せい
行政

행동 ｜ 행사 ｜ 행정

좋아할 호
음 コウ
훈 このむ
　　すく

この
好む
*좋아하다, 즐기다

こう ちょう
好調
*호조, 순조

 큰소리로 발음하면서 순서에 맞게 써보세요.

くり 好 好 好 好 好

好

こう き しん	ゆう こう	あい こう
好奇心	**友好**	**愛好**

호기심 ｜ 우호 ｜ 애호

51

合할 합
음 ゴウ
ガッ
훈 あう
あわせる

ごう かく
合格
*합격

あ
合う
*합쳐지다

큰소리로 발음하면서 순서에 맞게 써보세요.

ノ 𠆢 合 合 合 合

合

ごう どう
合同

かい ごう
会合

がっ しょう
合唱

합동 | 회합; 모임 | 합창

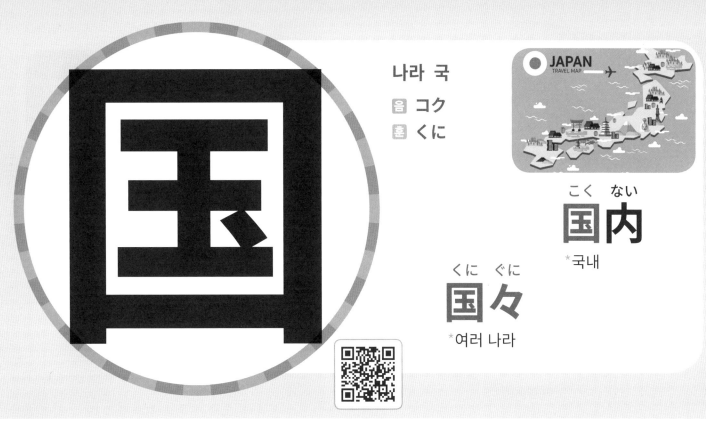

나라 국

음 コク

훈 くに

こく ない
国内
*국내

くに ぐに
国々
*여러 나라

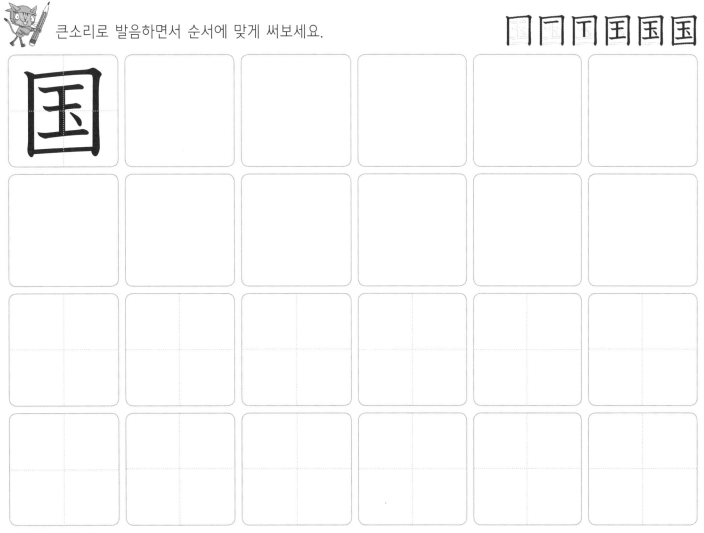

큰소리로 발음하면서 순서에 맞게 써보세요.

国 冂 冂 冈 国 国 国

国

こく さい
国際

ぜん こく
全国

べい こく
米国

국제 | 전국 | 미국

이제 금
음 コン
キン
훈 いま

こん ばん
今晚
*오늘 밤

いま ごろ
今頃
*지금쯤, 이맘때

 큰소리로 발음하면서 순서에 맞게 써보세요.

ノ 今 今 今

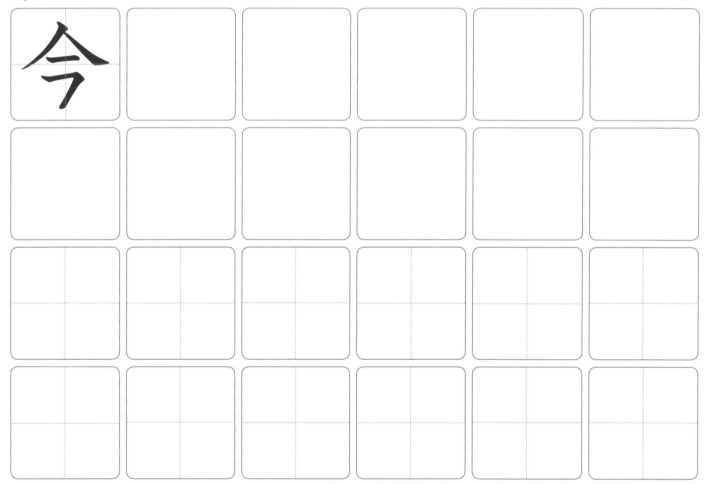

| こん しゅう 今週 | こん ど 今度 | こん ご 今後 |

이번 주 | 이번 | 금후; 앞으로

왼 좌
음 サ
훈 ひだり

さ せつ
左折
*좌회전

ひだり き
左利き
*왼손잡이

 큰소리로 발음하면서 순서에 맞게 써보세요.

一ナ左左左

左

さ ゆう
左右

さ は
左派

きょく さ
極左

좌우 | 좌파 | 극좌

55

作

지을 작
음 サク
サ
훈 つくる

作品
さく ひん
*작품

作る
つく
*만들다

큰소리로 발음하면서 순서에 맞게 써보세요.

イ イ 作 作 作 作

作

名作
めい さく

作用
さ よう

動作
どう さ

명작 | 작용 | 동작

さん ちょう
山頂
*산정; 산꼭대기

やま か じ
山火事
*산불

큰소리로 발음하면서 순서에 맞게 써보세요.

丨 山 山

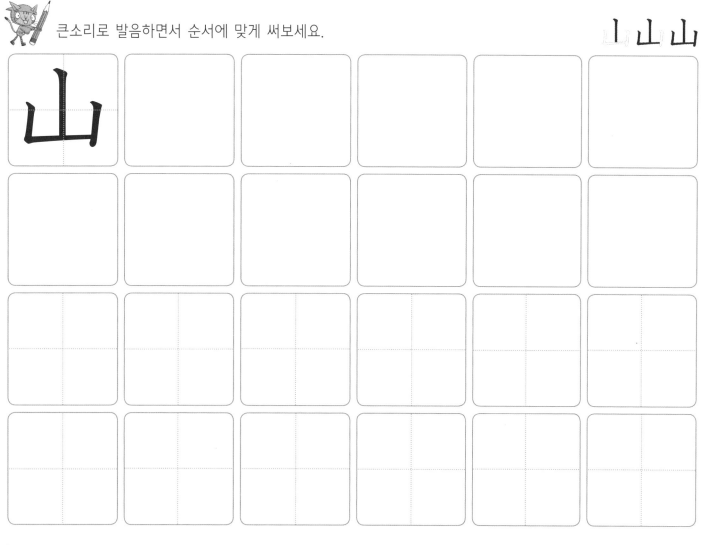

山

ふ じ さん
富士山

さん りん
山林

か ざん
火山

후지산 │ 산림 │ 화산

사사로울 사

음 シ

훈 わたくし
　　わたし

わたくし ごと
私事
*사삿일

し りつ
私立
*사립

 큰소리로 발음하면서 순서에 맞게 써보세요.

千千私私私

私

し せつ
私設

し せい
私製

こう し
公私

사설 | 사제 | 공사

58

생각 사

생각 사

음 シ

훈 おもう

<ruby>思<rt>おも</rt></ruby>う
*생각하다, 느끼다

<ruby>思<rt>し</rt></ruby><ruby>想<rt>そう</rt></ruby>
*사상

 큰소리로 발음하면서 순서에 맞게 써보세요.

思 思 思 思 思 思 思 思

思

<ruby>思<rt>し</rt></ruby><ruby>考<rt>こう</rt></ruby>

<ruby>不<rt>ふ</rt></ruby><ruby>思<rt>し</rt></ruby><ruby>議<rt>ぎ</rt></ruby>

<ruby>意<rt>い</rt></ruby><ruby>思<rt>し</rt></ruby>

사고 ｜ 불가사의, 이상함 ｜ 의사

저자 시
음 シ
훈 いち

いち ば
市場
*시장

しゃくしょ
市役所
*시청

 큰소리로 발음하면서 순서에 맞게 써보세요.

市 市 市

市

しない
市内

しちょう
市長

とし
都市

시내 | 시장 | 도시

子

こ ども
子供
*아이, 어린이

ぼう し
帽子
*모자

큰소리로 발음하면서 순서에 맞게 써보세요.

子了子

子

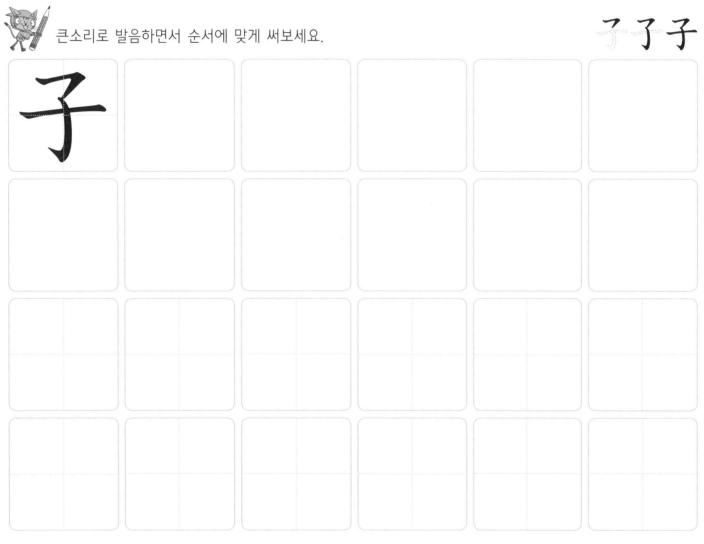

じょ し
女子

でん し
電子

よう す
様子

여자 | 전자 | 모습, 모양

61

음 ジ ズ
훈 こと

일 사 지 즈 것

事故
じ こ
*사고

事柄
こと がら
*사항, 일; 사정

 큰소리로 발음하면서 순서에 맞게 써보세요.

一 亏 写 写 写 事

事					

事件
じ けん

用事
よう じ

好事家
こう ず か

사건 | 용무; 볼일 | 호사가

때 시
음 ジ
훈 とき

じ かん
時間
*시간

ひと とき
一時
*일시; 한때

 큰소리로 발음하면서 순서에 맞게 써보세요.

 時　時　時　時　時　時　時　時

時

じ だい
時代

じ き
時期

どう じ
同時

시대 | 시기 | 동시

耳

귀 이
음 ジ
훈 みみ

はつ みみ
初耳
*초문; 처음 들음

じ もく
耳目
*이목; 귀와 눈

큰소리로 발음하면서 순서에 맞게 써보세요.

耳 一 丁 丁 耳 耳

耳

じ び
耳鼻

がい じ
外耳

ね みみ
寝耳

이비; 귀와 코 | 외이 | 잠결, 잠귀

字

글자 자
음 ジ
훈 あざ

漢字
*한자

文字
*문자

큰소리로 발음하면서 순서에 맞게 써보세요.

字字字字字

字

字引
じびき

数字
すうじ

赤字
あかじ

자전, 사전 | 숫자 | 적자

65

自

じ ゆう
自由
*자유

みずか
自ら
*스스로

큰소리로 발음하면서 순서에 맞게 써보세요.

´ 白 自 自

じ ぶん **自分**	じ どう **自動**	し ぜん **自然**

자기, 자신, 나 │ 자동 │ 자연

66

모일 사
음 シャ
훈 やしろ

かい しゃ
会社
*회사

やしろ
社
*신사; 신을 모신 건물

ネ ネ ネ ネ 社 社

 큰소리로 발음하면서 순서에 맞게 써보세요.

社

しゃ ちょう
社長

ほん しゃ
本社

しゃ かい
社会

사장 | 본사 | 사회

67

者

놈 자
음 シャ
훈 もの

い しゃ
医者
*의사

わか もの
若者
*젊은이, 청년

큰소리로 발음하면서 순서에 맞게 써보세요.

者者者者者者

者

き しゃ
記者

さく しゃ
作者

がく しゃ
学者

기자 | 작자 | 학자

車

수레 차/거
음 シャ
훈 くるま

じどうしゃ
自動車
*자동차

くるまいす
車椅子
*휠체어

 큰소리로 발음하면서 순서에 맞게 써보세요.

車

しゃどう
車道

じてんしゃ
自転車

でんしゃ
電車

차도 | 자전거 | 전차, 전철

手

음 수 シュ
훈 손 て た

<ruby>手<rt>て</rt></ruby><ruby>紙<rt>がみ</rt></ruby>
*편지

<ruby>拍<rt>はく</rt></ruby><ruby>手<rt>しゅ</rt></ruby>
*박수

큰소리로 발음하면서 순서에 맞게 써보세요.

手 ナ 手

手段
しゅ だん

選手
せん しゅ

歌手
か しゅ

수단 | 선수 | 가수

70

머리 수
음 シュ
훈 くび

て くび
手首
*손목

しゅ と
首都
*수도

首首首首首首

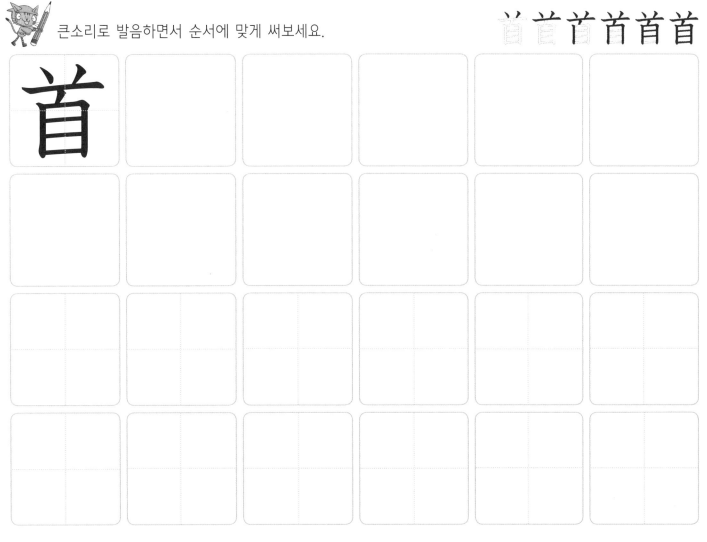

🐱 ✏️ 큰소리로 발음하면서 순서에 맞게 써보세요.

首					

しゅ しょう
首相

しゅ のう
首脳

ぶ しゅ
部首

수상 | 수뇌 | 부수

익힐 **습**

음 シュウ

훈 ならう

_{なら}
習う
*익히다, 배우다

_{しゅう かん}
習慣
*습관

 큰소리로 발음하면서 순서에 맞게 써보세요.

フ ヲ ヲ 羽 羽 羽 習 習

習					

_{れん しゅう}
練習

_{がく しゅう}
学習

_{じっ しゅう}
実習

연습 ｜ 학습 ｜ 실습

72

가을 추
음 シュウ
훈 あき

しゅう き
秋季
*추계; 가을철

あき ぞら
秋空
*가을 하늘

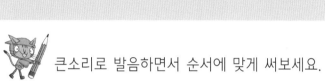

큰소리로 발음하면서 순서에 맞게 써보세요.

秋秋秋秋秋秋秋

秋

ちゅうしゅう
仲秋

りっ しゅう
立秋

あき かぜ
秋風

중추; 한가을 | 입추 | 추풍; 가을 바람

出

날 出
음 シュツ
　 スイ
훈 でる
　 だす

しゅつじょう
出場
*출장

で
出る
*나가다, 나오다

큰소리로 발음하면서 순서에 맞게 써보세요.

|　ㅣ 屮 出 出 出

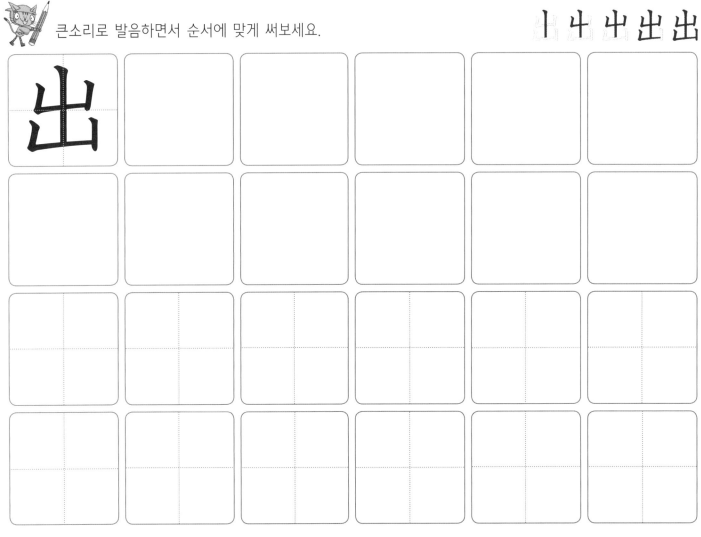

出

しゅつ えん
出演

てい しゅつ
提出

がい しゅつ
外出

출연 | 제출 | 외출

74

봄 춘
음 シュン
훈 はる

しゅん き
春季
*춘계; 봄철

はる さめ
春雨
*봄비

 큰소리로 발음하면서 순서에 맞게 써보세요.

三 三 夫 夫 夫 春 春

春

しゅん ぶん
春分

せい しゅん
青春

りっ しゅん
立春

춘분 | 청춘 | 입춘

書

글 서
음 ショ
훈 かく

しょ てん
書店
*서점

か
書く
*(글씨를) 쓰다

 큰소리로 발음하면서 순서에 맞게 써보세요.

書書書書書書書

書

しょ るい
書類

どく しょ
読書

と しょ かん
図書館

서류 | 독서 | 도서관

바 소
음 ショ
훈 ところ

じゅう しょ
住所
*주소

ところどころ
所々
*여기저기

큰소리로 발음하면서 순서에 맞게 써보세요.

所 所 戸 所 所 所

所

しょ ぞく
所属

しょ ゆう
所有

ちょう しょ
長所

소속 ｜ 소유 ｜ 장점

77

계집 녀

음 ジョ
ニョウ

훈 おんな
め

じょ せい
女性
*여성

め がみ
女神
*여신

큰소리로 발음하면서 순서에 맞게 써보세요.

く女女

女

じょ ゆう
女優

かの じょ
彼女

にょう ぼう
女房

여배우 | 그녀, 애인 | 처, 마누라, 아내

78

작을 소
음 ショウ
훈 ちいさい
　 こ
　 お

ちい
小さい
*작다, 크지 않다

しょう せつ
小説
*소설

 큰소리로 발음하면서 순서에 맞게 써보세요.

小小小

小

だい しょう
大小

しょう すう
小数

しょう に か
小児科

대소; 크고 작음 ｜ 소수 ｜ 소아과

적을 소
- 음 ショウ
- 훈 すくない
  すこし

しょう じょ
少女
*소녀

すく
少ない
*(양이) 적다

 큰소리로 발음하면서 순서에 맞게 써보세요.

小 小 小 少

せい しょう ねん
青少年

た しょう
多少

さい しょう
最少

청소년 | 다소 | 최소

윗 상

음 ジョウ
ショウ

훈 うえ
あげる
のぼる

あ
上げる
*올리다

じょう ず
上手
*솜씨가 좋음, 능숙함

큰소리로 발음하면서 순서에 맞게 써보세요.

上 上 上

上					

い じょう
以上

じょう げ
上下

め うえ
目上

이상 ㅣ 상하 ㅣ 윗사람; 연장자

81

마당 장
음 ジョウ
훈 ば

ちゅう しゃ じょう
駐車場
*주차장

ば しょ
場所
*장소

 큰소리로 발음하면서 순서에 맞게 써보세요.

一場場場場場場場

場					

こう じょう
工場

かい じょう
会場

ひろ ば
広場

공장 | 회장 | 광장

82

밥/먹을 식

음 ショク
　ジキ
훈 くう
　たべる

た
食べる
*먹다

しょく どう
食堂
*식당

 큰소리로 발음하면서 순서에 맞게 써보세요.

食食食食食食

食

しょく じ
食事

がい しょく
外食

だん じき
断食

식사 | 외식 | 단식

色

빛 색
음 ショク
　 シキ
훈 いろ

いろ　がみ
色紙
*색종이

とく　しょく
特色
*특색

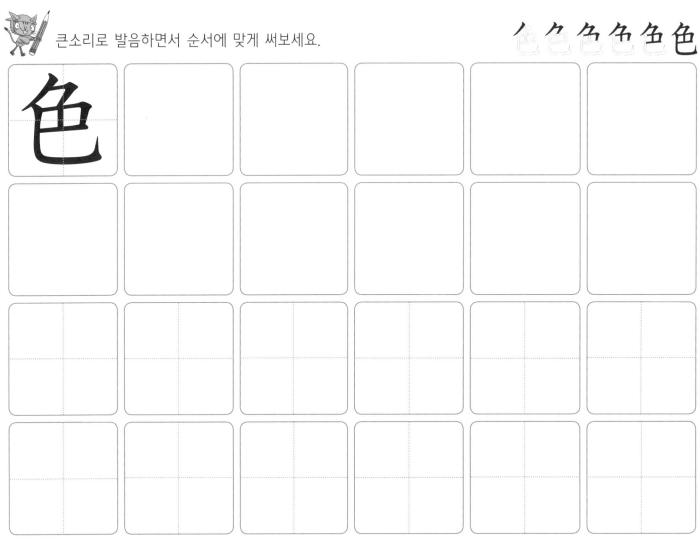

큰소리로 발음하면서 순서에 맞게 써보세요.

⺈ 色 色 色 色 色

色

げん　しょく
原色

しき　さい
色彩

け　しき
景色

원색 | 색채 | 경치

84

新

새로울 신
음 シン
훈 あたらしい
あらた

しん ぶん
新聞
*신문

あたら
新しい
*새롭다

큰소리로 발음하면서 순서에 맞게 써보세요.

新

しん ねん
新年

しん じん
新人

さい しん
最新

신년; 새해 | 신인 | 최신

마음 심

음 シン
훈 こころ

こころ づよ
心強い
*마음 든든하다

しん ぱい
心配
*걱정, 근심

큰소리로 발음하면서 순서에 맞게 써보세요.

心心心心

心

しん り
心理

あん しん
安心

けっ しん
決心

심리 | 안심 | 결심

86

참 진
음 シン
훈 ま

まよなか
真夜中
*한밤중; 심야

しん くう
真空
*진공

 큰소리로 발음하면서 순서에 맞게 써보세요.

真真真真真真

真					

しん じつ
真実

しん り
真理

しゃ しん
写真

진실 ｜ 진리 ｜ 사진

人

사람 인
음 ジン
　ニン
훈 ひと

ひと め
人目
*남의 눈

に ほん じん
日本人
*일본인(사람)

큰소리로 발음하면서 순서에 맞게 써보세요.

ノ 人

人

じん こう
人口

こ じん
個人

にん げん
人間

인구 | 개인 | 인간

88

水

물 수
음 スイ
훈 みず

すい どう
水道
*수도

みず ぎ
水着
*수영복

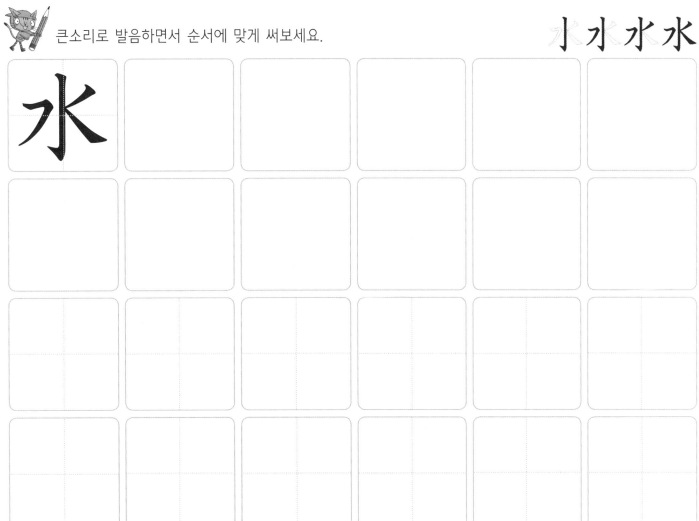

큰소리로 발음하면서 순서에 맞게 써보세요.

水 水 水 水

水					

すい えい
水泳

ち か すい
地下水

こう すい
香水

수영 | 지하수 | 향수

날 생
음 セイ
ショウ
훈 いきる
うまれる
なま

たん じょう び
誕生日
*생일

い
生きる
*살다

 큰소리로 발음하면서 순서에 맞게 써보세요.

ノ ヒ 牛 牛 生

生

せん せい
先生

がく せい
学生

なま い き
生意気

선생(님) | 학생 | 건방짐, 주제넘음

서녘 서
음 セイ
サイ
훈 にし

にし び
西日
*석양, 저녁해

せい よう
西洋
*서양

 큰소리로 발음하면서 순서에 맞게 써보세요.

西西西西

西

せい れき
西暦

せい ぶ
西部

かん さい
関西

서력, 서기 | 서부 | 간사이(교토 오사카 고베 지방)

91

소리 성
음 セイ
  ショウ
훈 こえ
  こわ

こえ　ごえ
声々
*여러 사람의 소리

せい　めい
声明
*성명

 큰소리로 발음하면서 순서에 맞게 써보세요.

声声声声声声声

声

せい ちょう
声調

はっ せい
発声

おお ごえ
大声

성조 | 발성 | 큰소리

92

世

인간 세
음 セ セイ
훈 よ

世界
*세계

世の中
*세상

 큰소리로 발음하면서 순서에 맞게 써보세요.

世世世世世

世					

世代

世話

世紀

세대 | 도와줌, 보살핌 | 세기

正

바를 정
음 セイ
ショウ
훈 ただしい
ただす
まさ

せい もん
正門
*정문

ただ
正しい
*올바르다

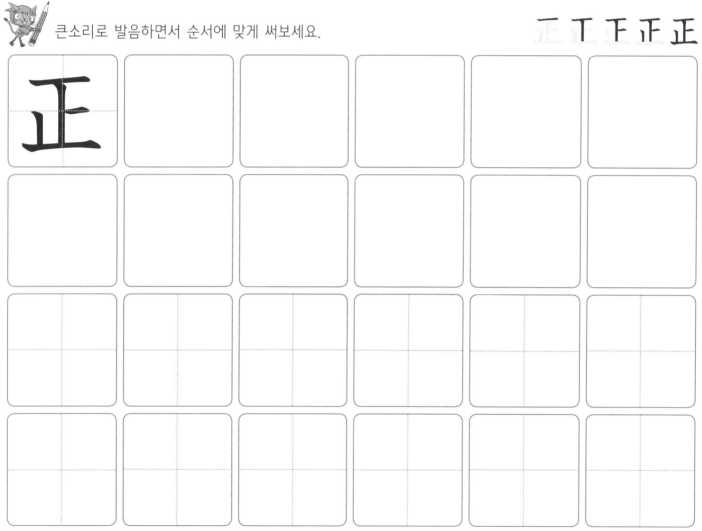

큰소리로 발음하면서 순서에 맞게 써보세요.

正 丁 下 正 正

正

せい かく	しょう じき	しょう めん
正確	正直	正面

정확 | 정직 | 정면

94

푸를 청

음 セイ
ショウ

훈 あお
あおい

あお
青い
*파랗다

せい しゅん
青春
*청춘

큰소리로 발음하면서 순서에 맞게 써보세요.

青青青青青青

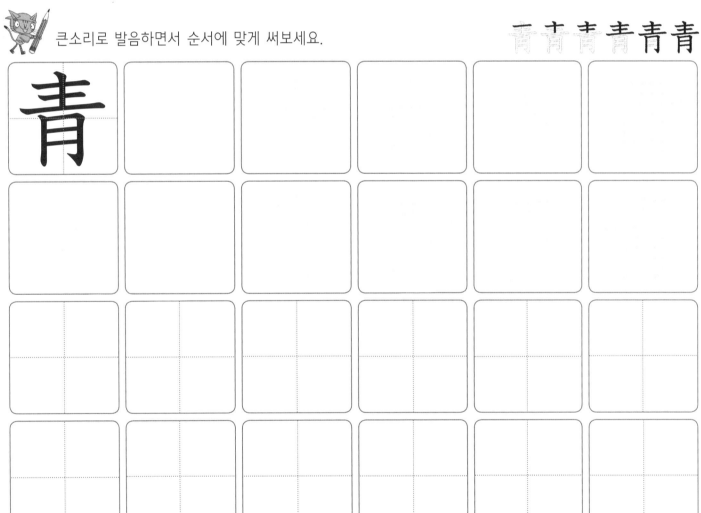

青

| せい ねん
青年 | ろく しょう
緑青 | あお ぞら
青空 |

청춘 | 녹청 | 푸른 하늘

먼저 선
음 セン
훈 さき

せん せい
先生
*선생(님)

さき だ
先立つ
*앞서다

 큰소리로 발음하면서 순서에 맞게 써보세요.

先先先先先先

先

せん とう
先頭

せん しゅう
先週

せん ぱい
先輩

선두 | 지난주 | 선배

川

내 천
음 セン
훈 かわ

かわ みず
川水
*강물

か せん
河川
*하천

큰소리로 발음하면서 순서에 맞게 써보세요.

川 川 川

川

さん せん
山川

かわ かみ
川上

かわ べ
川辺

산천 | 상류 | 강변; 냇가

千

일천 천
음 セン
훈 ち

千円
*천엔

千切る
*잘라 떼다, 잘게 찢다

큰소리로 발음하면서 순서에 맞게 써보세요.

千 二 千

千年
千万
千金

천년 | 천만 | 천금

98

앞 전
음 ゼン
훈 まえ

前後
ぜん ご
*전후

名前
な まえ
*이름

큰소리로 발음하면서 순서에 맞게 써보세요.

前 前 前 前 前

前

前半
ぜん はん

午前
ご ぜん

以前
い ぜん

전반 | 오전 | 이전

달아날 주
음 ソウ
훈 はしる

はし
走る
*달리다

そう こう
走行
*주행

 큰소리로 발음하면서 순서에 맞게 써보세요.

走 走 走 キ キ 走 走

走

だっ そう
脱走

きょう そう
競走

かん そう
完走

탈주 | 경주 | 완주

발 족
음 ソク
훈 あし
　たりる
　たす

あし ば
足場
*발판

えん そく
遠足
*소풍

 큰소리로 발음하면서 순서에 맞게 써보세요.

足足足足足足足

足					

ふ そく
不足

じゅう そく
充足

ほっ そく
発足

부족 | 충족 | 발족

101

多

많을 다
음 タ
훈 おおい

おお
多い
*많다

た　すう
多数
*다수

큰소리로 발음하면서 순서에 맞게 써보세요.

ノ ク タ タ 多 多 多

多

た しょう
多少

た はつ
多発

か た
過多

다소 | 다발 | 과다

102

待

기다릴 대

음 タイ

훈 まつ

^ま
待つ
*기다리다

^{しょう}^{たい}
招待
*초대

큰소리로 발음하면서 순서에 맞게 써보세요.

待 ク 彳 行 待 待 待 待

待					

^{たい}^{ぐう}
待遇

^き^{たい}
期待

^{せっ}^{たい}
接待

대우 | 기대 | 접대

103

몸 체
음 タイ
テイ
훈 からだ

しん たい
身体
*신체

からだ
体つき
*몸매

丿 亻 亻 什 休 体

たい おん
体温

たい いく
体育

ぜん たい
全体

체온 | 체육 | 전체

太

훈 クイ
음 タ
클 태
훈 ふとい
　 ふとる

たい よう
太陽
*태양

ふと
太い
*굵다

큰소리로 발음하면서 순서에 맞게 써보세요.

一 ナ 大 太

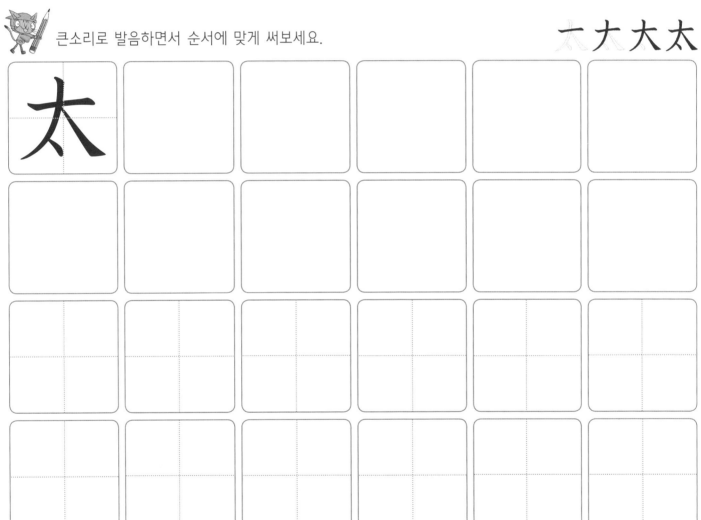

太

たい へい よう
太平洋

こう たい し
皇太子

まる た
丸太

태평양 | 황태자 | 통나무

105

大

큰 대
음 ダイ タイ
훈 おお おおきい

おお
大きい
*크다

だい がく
大学
*대학

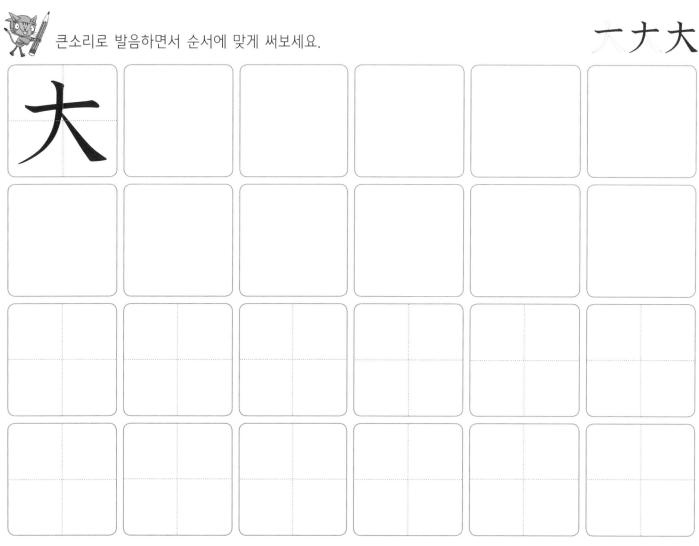

큰소리로 발음하면서 순서에 맞게 써보세요.

一 ナ 大

大

たい かい
大会

たい し かん
大使館

おお あめ
大雨

대회 | 대사관 | 큰비

106

대신할 대
음 ダイ
タイ
훈 かわる
かえる
しろ

だい ひょう
代表
*대표

かわ
代る
*대리[대신]하다

 큰소리로 발음하면서 순서에 맞게 써보세요.

ノ 亻 什 代 代

代

じ だい	せ だい	こう たい
時代	世代	交代

시대 | 세대 | 교대

107

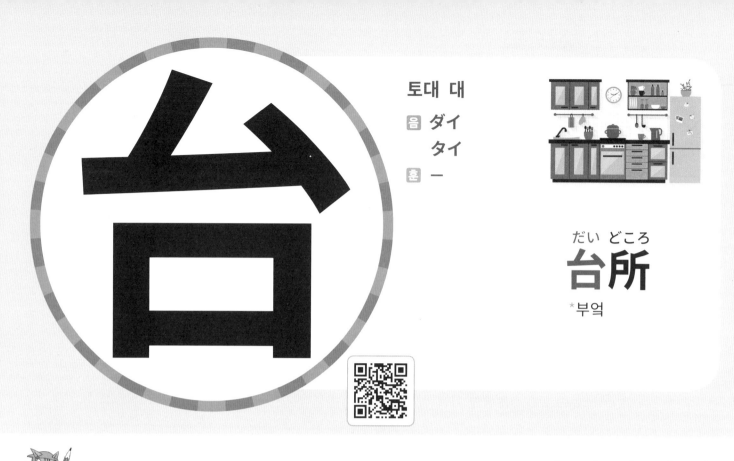

台

토대 대
음 ダイ
タイ
훈 ―

だい どころ
台所
*부엌

큰소리로 발음하면서 순서에 맞게 써보세요.

ㄥ 台 台 台 台

台

しん だい
寝台

ぶ たい
舞台

たい ふう
台風

침대 | 무대 | 태풍

사내 남

음 ダン
ナン

훈 おとこ

だん せい
男性
*남성

おとこごころ
男心
*남자의 마음

男男男男男男

男					

だん じょ
男女

だん じ
男児

じ なん
次男

남녀 | 남아 | 차남

109

地

음 지 チ ジ 一
훈 땅

ち か てつ
地下鉄
*지하철

地

큰소리로 발음하면서 순서에 맞게 써보세요.

一地地地地地

ち　ず		じ　しん		じ　めん	
地図		**地震**		**地面**	

지도 │ 지진 │ 지면

ひる　やす
昼休み
*점심시간

ちゅうしょく
昼食
*주식; 점심

 큰소리로 발음하면서 순서에 맞게 써보세요.

昼昼昼昼昼昼昼

ちゅう　や
昼夜

ひる　ま
昼間

ひる　ね
昼寝

주야 ｜ 주간; 낮 ｜ 낮잠

111

中

가운데 중

음 チュウ

훈 なか

ちゅう しん
中心
*중심

せ なか
背中
*등

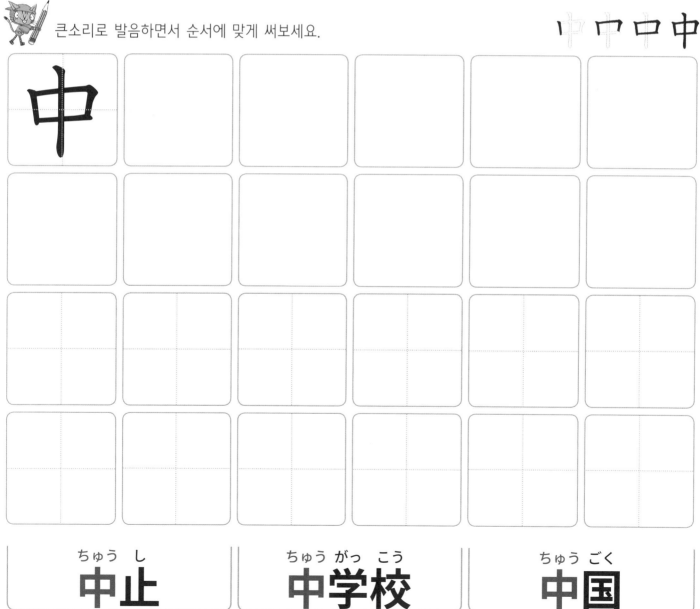

큰소리로 발음하면서 순서에 맞게 써보세요.

中 口 口 中

中

ちゅう し
中止

ちゅう がっ こう
中学校

ちゅう ごく
中国

중지 | 중학교 | 중국

길/어른 장

음 チョウ

훈 ながい

なが
長い
*길다

ちょう しょ
長所
*장점

큰소리로 발음하면서 순서에 맞게 써보세요.

長 長 長 長 長 長 長

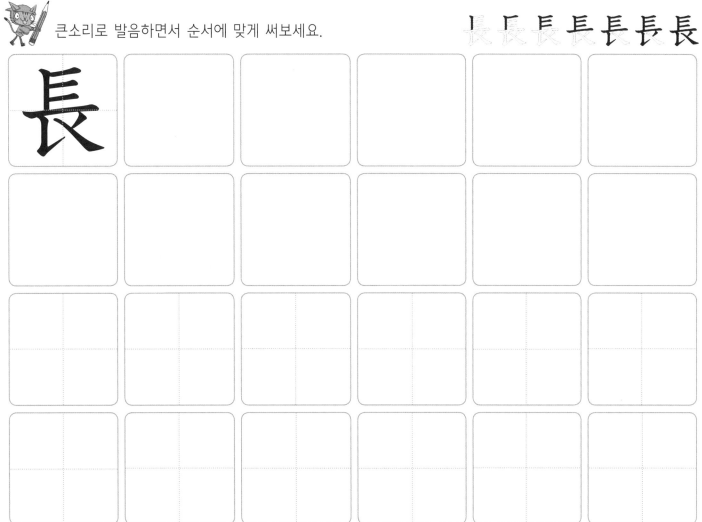

ぶ ちょう
部長

かい ちょう
会長

せい ちょう
成長

부장 | 회장 | 성장

아침 조
음 チョウ
훈 あさ

あさ ひ
朝日
*아침 해

ちょうしょく
朝食
*조식; 아침식사

 큰소리로 발음하면서 순서에 맞게 써보세요.

一 十 古 直 直 卓 朝 朝

朝

ちょう かん
朝刊

あさ ゆう
朝夕

あさ ね ぼう
朝寝坊

조간 ｜ 조석; 아침 저녁 ｜ 늦잠꾸러기, 늦잠을 잠

가게 점
음 テン
훈 みせ

みせ さき
店先
*가게 앞

てん いん
店員
*점원

큰소리로 발음하면서 순서에 맞게 써보세요.

店店店店店店店

店

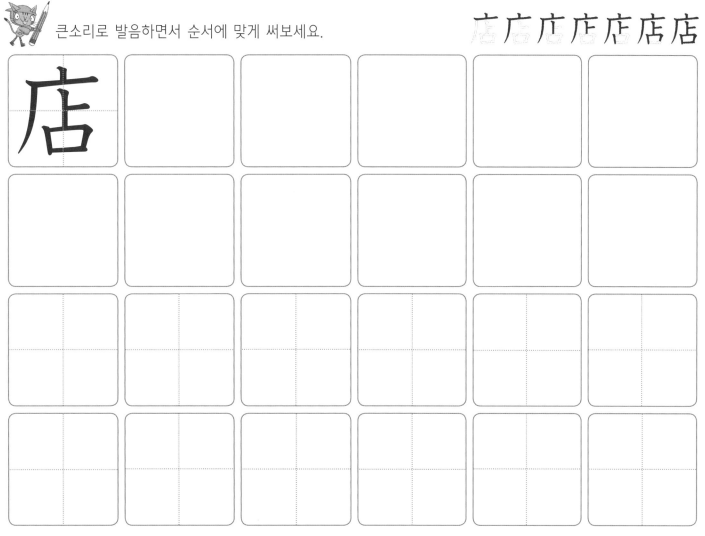

ほん てん
本店

ばい てん
売店

かい てん
開店

본점 | 매점 | 개점

하늘 천
음 テン
훈 あめ
あま

てん き
天気
*날씨

あま くだ
天下る
*강림하다

큰소리로 발음하면서 순서에 맞게 써보세요.

天天天天

天

てん ねん
天然

てん のう
天皇

てん たい
天体

천연 | 천황 | 천체

번개 전
음 デン
훈 ―

でん わ
電話
*전화

 큰소리로 발음하면서 순서에 맞게 써보세요.

電電電電電電電電

電

でん き
電気

でん しゃ
電車

か でん
家電

전기 | 전차, 전철 | 가전

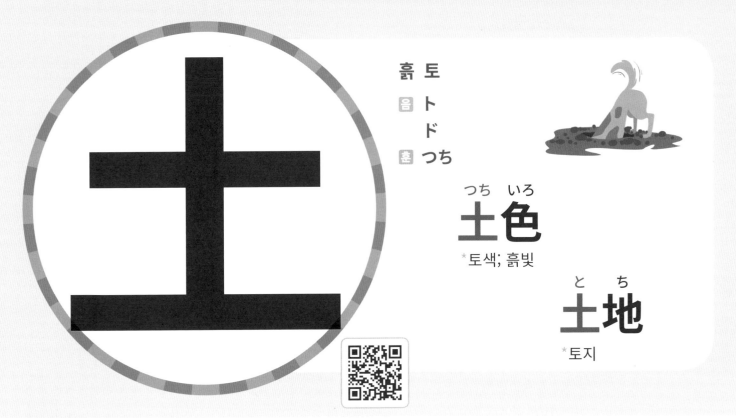

土

흙 토

음 ト ド
훈 つち

つち いろ
土色
*토색; 흙빛

と ち
土地
*토지

큰소리로 발음하면서 순서에 맞게 써보세요.

一 十 土

土

りょう ど
領土

こく ど
国土

ど よう び
土曜日

영토 | 국토 | 토요일

118

겨울 동

음 トウ

훈 ふゆ

とう き
冬季
*동계; 겨울철

ま ふゆ
真冬
*한겨울

 큰소리로 발음하면서 순서에 맞게 써보세요.

ノ ク 夂 冬 冬

冬

とう じ
冬至

えっ とう
越冬

しゅん か しゅう とう
春夏秋冬

동지 | 월동 | 춘하추동

동녘 동
음 トウ
훈 ひがし

East

ひがし に ほん
東日本
*동일본

とう よう
東洋
*동양

 큰소리로 발음하면서 순서에 맞게 써보세요.

東京京車東東

東

とう ざい
東西

とう ほく
東北

とう ざい なん ぼく
東西南北

동서 | 동북 | 동서남북

120

훈 길 도
음 ドウ
훈 みち

どう ろ
道路
*도로

ちか みち
近道
*지름길

 큰소리로 발음하면서 순서에 맞게 써보세요.

道道首艹首道道道

道

どう ぐ
道具

すい どう
水道

じゅう どう
柔道

도구 | 수도 | 유도

한가지 동

음 ドウ

훈 おなじ

おな
同じ
*같음, 동일

どう じ
同時
*동시

큰소리로 발음하면서 순서에 맞게 써보세요.

同同同同

同

ごう どう
合同

きょう どう
共同

きょう どう
協同

합동 | 공동 | 협동

움직일 동
음 ドウ
훈 うごく
うごかす

どう ぶつ
動物
*동물

うご
動く
*움직이다

큰소리로 발음하면서 순서에 맞게 써보세요.

動 動 動 動 動 動

動

どう さ
動作

うん どう
運動

じ どう
自動

동작 ┃ 운동 ┃ 자동

123

読

읽을 독
음 ドク
トク
トウ
훈 よむ

よ
読む
*읽다

どく しょ
読書
*독서

 큰소리로 발음하면서 순서에 맞게 써보세요.

読読読読読読読読

読					

どく しゃ
読者

く とう てん
句読点

とく ほん
読本

독자 ｜ 구두점 ｜ 독본

南녘 남
음 ナン
훈 みなみ

みなみ はん きゅう
南半球
*남반구

なん ぼく
南北
*남북

 큰소리로 발음하면서 순서에 맞게 써보세요.

南 南 南 南 南 南 南

南

なん きょく
南極

なん べい
南米

なん ぶ
南部

남극 | 남미 | 남부

肉

고기 육

음 ニク

훈 ー

にく
肉
*고기

にく たい
肉体
*육체

큰소리로 발음하면서 순서에 맞게 써보세요.

｜ 冂 内 内 肉 肉

肉

ぎゅう にく
牛肉

とり にく
鳥肉

きん にく
筋肉

쇠고기 ｜ 닭고기 ｜ 근육

날 일
음 ニチ
ジツ
훈 ひか

ひ がえ
日帰り
*당일로 다녀옴

まい にち
毎日
*매일

큰소리로 발음하면서 순서에 맞게 써보세요.

日 冂 日 日

日

にち よう び
日曜日

なん にち
何日

しゅく じつ
祝日

일요일 | 며칠 | 축일; 경축일

127

들 **入**

음 ニュウ

훈 いる
いれる
はいる

にゅう がく
入学
*입학

はい
入る
*들다, 들어오다, 들어가다

큰소리로 발음하면서 순서에 맞게 써보세요.

入 入

入

にゅうりょく
入力

しゅうにゅう
収入

いり ぐち
入口

입력 | 수입 | 입구

年

해 년
음 ネン
훈 とし

こ とし
今年
*올해, 금년

ねん だい
年代
*연대

謹賀新年

 큰소리로 발음하면서 순서에 맞게 써보세요.

年 年 年 年 年 年

年

ねん まつ
年末

きょ ねん
去年

なん ねん
何年

연말 | 작년 | 몇 년

か
買う
*사다

ばい ばい
売買
*매매

 큰소리로 발음하면서 순서에 맞게 써보세요.

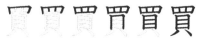 買買買買買買

ばい か	ふ ばい	こう ばい りょく
買価	不買	購買力

매가; 사는 값 | 불매 | 구매력

팔 매
음 バイ
훈 うる
うれる

う
売る
*팔다

ばい てん
売店
*매점

큰소리로 발음하면서 순서에 맞게 써보세요.

売売売売売売売

売

しょう ばい
商売

はん ばい
販売

きょう ばい
競売

장사 ｜ 판매 ｜ 경매

흰 백

음 ハク
ビャク

훈 しろ
しら
しろい

しろ
白い
*희다, 하얗다

はく さい
白菜
*배추

큰소리로 발음하면서 순서에 맞게 써보세요.

白 白 白 白 白

白

めい はく
明白

くう はく
空白

よ はく
余白

명백 | 공백 | 여백

半

반 반
음 ハン
훈 なかば

なか
半ば
*절반; 반절

はん ぶん
半分
*반분; 절반

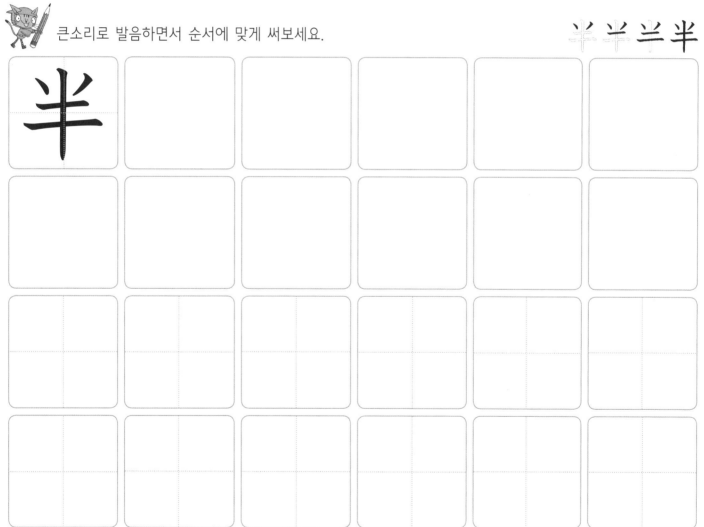

큰소리로 발음하면서 순서에 맞게 써보세요.

半半半半

半

ぜん はん
前半

こう はん
後半

か はん すう
過半数

전반 | 후반 | 과반수

일백 백

음 ヒャク

훈 一

ひゃく てん
百点
*백점

ひゃく ねん
百年
*백년

큰소리로 발음하면서 순서에 맞게 써보세요.

百百百百百百

百

ひゃく にち
百日

ひゃく まん
百万

はっ ぴゃく
八百

백일 | 백만 | 팔백; 800

父

아비 부

음 フ
훈 ちち

ちち おや
父親
*부친; 아버지

そ ふ
祖父
*조부; 할아버지

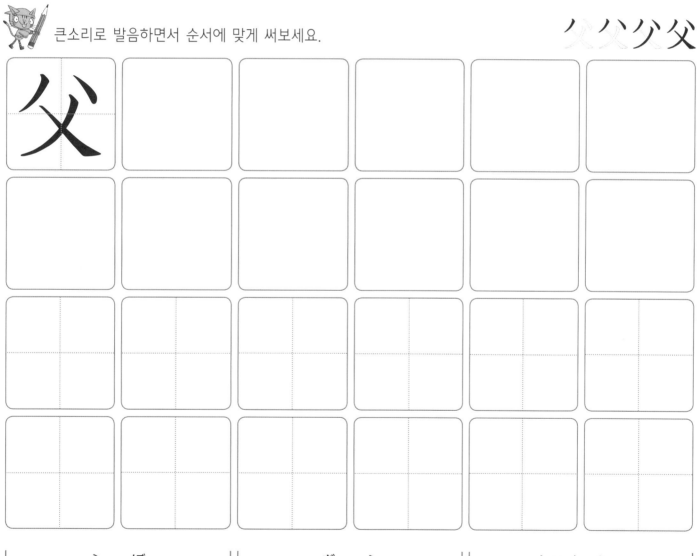

큰소리로 발음하면서 순서에 맞게 써보세요.

ノ ハ グ 父

父

ふ ぼ
父母

ぎ ふ
義父

しゅく ふ
叔父

부모 | 의부; 의붓아버지 | 숙부, 외숙부

物

物건 물
음 ブツ
モツ
훈 もの

たて　もの
建物
*건물

しょく　ぶつ
植物
*식물

 큰소리로 발음하면서 순서에 맞게 써보세요.

ノ 牛 牛 牛 物 物 物 物

物

けん　ぶつ
見物

に　もつ
荷物

しょ　もつ
書物

구경, 구경꾼 | 화물; 짐 | 서책; 책

分

나눌 분
음 ブン
　フン
훈 わける
　わかる

わ
分ける
*나누다

き　ぶん
気分
*기분

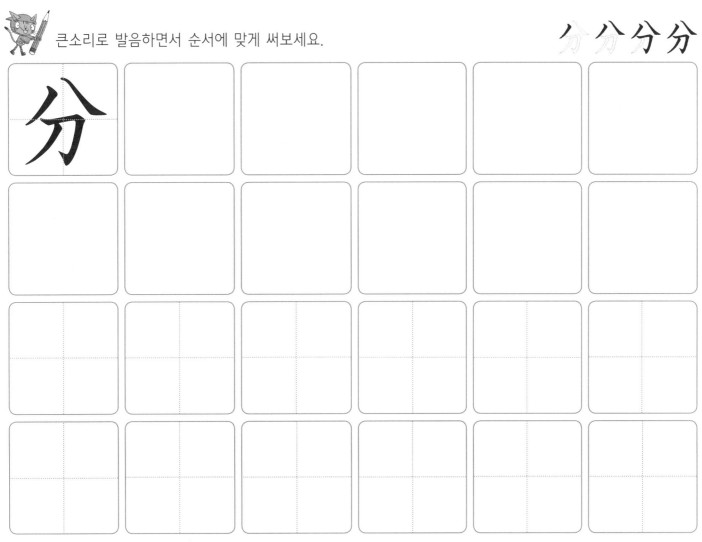

큰소리로 발음하면서 순서에 맞게 써보세요.

分 分 分 分

分

じ　ぶん
自分

ぶ　ぶん
部分

ふん　べつ
分別

자기, 자신, 나, 저 | 부분 | 분별

글월 문
음 ブン
モン
훈 ふみ

ぶん ぼう ぐ
文房具
*문방구

ふみ づき
文月
*음력 7월

 큰소리로 발음하면서 순서에 맞게 써보세요.

文 ナ 文

文					

ぶん ぽう
文法

ぶん か
文化

もん く
文句

문법 ┃ 문화 ┃ 문구, 불평; 이의; (불만 등의) 할 말

들을 문
음 ブン
モン
훈 きく
きこえる

き
聞く
*듣다, 묻다

しん ぶん
新聞
*신문

 큰소리로 발음하면서 순서에 맞게 써보세요.

門門門門門門門聞聞

聞

けん ぶん
見聞

でん ぶん
伝聞

ちょう もん
聴聞

견문 | 전문 | 청문

어미 모

음 ボ
훈 はは

はは　おや
母親
*모친; 어머니

そ　　ぼ
祖母
*조모; 할머니

 큰소리로 발음하면서 순서에 맞게 써보세요.

乚 乜 乩 母

母

ふ　ぼ	ぼ　こく	ぶん　ぼ
父母	母国	分母

부모 ｜ 모국 ｜ 분모

りょう ほう
両方
*양방; 두 방면

し かた
仕方
*하는 방법

큰소리로 발음하면서 순서에 맞게 써보세요.

方方方

方					

ほう めん
方面

ほう ほう
方法

ち ほう
地方

방면 | 방법 | 지방

北

북녘 북
달아날 배

음 ホク
훈 きた

きた む
北向き
*북향

ほく べい
北米
*북미; 북아메리카

큰소리로 발음하면서 순서에 맞게 써보세요.

北北北北北

北

とう ほく
東北

ほく ぶ
北部

はい ぼく
敗北

동북 | 북부 | 패배

142

나무 목

음 ボク モク

훈 き こ

並木（なみき）
*가로수

木材（もくざい）
*목재

 큰소리로 발음하면서 순서에 맞게 써보세요.

木 十 才 木

木

樹木（じゅもく）

土木（どぼく）

枯木（こぼく）

수목 ｜ 토목 ｜ 고목

143

근본 본
음 ホン
훈 もと

に ほん じん
日本人
*일본인(사람)

ね もと
根本
*뿌리, 밑, 근본

 큰소리로 발음하면서 순서에 맞게 써보세요.

一 十 オ 木 本

ほん き
本気

ほん もの
本物

え ほん
絵本

본마음, 진심 | 진짜, 실물 | 그림책

144

매양 매
음 マイ
훈 一

まい にち
毎日
*매일, 날마다

 큰소리로 발음하면서 순서에 맞게 써보세요.

毎 ㇄ 冇 毎 毎

毎					

まい ばん
毎晩

まい あさ
毎朝

まい かい
毎回

매일 밤, 밤마다 | 매일 아침, 아침마다 | 매회, 매번

万

일만 만
음 マン
　　バン
훈 一

まん ねん ひつ
万年筆
*만년필

큰소리로 발음하면서 순서에 맞게 써보세요.

万 万 万

まん のう	おく まん	ひゃく まん
万能	億万	百万

만능 ｜ 억만 ｜ 백만

146

밝을 명

음 メイ

훈 あかるい
あきらか
あける
あく

あか
明るい

*밝다, 환하다

めい　あん
明暗

*명암

順					

１ 几 日 明 明 明 明

明					

ぶん　めい
文明

せつ　めい
説明

はつ　めい
発明

문명 | 설명 | 발명

이름 명

음 メイ
ミョウ

훈 な

名札
*명찰, 명패

名作
*명작

 큰소리로 발음하면서 순서에 맞게 써보세요.

ノ ク タ タ 名 名

名

名所

有名

名字

명소 │ 유명 │ 성씨, 성

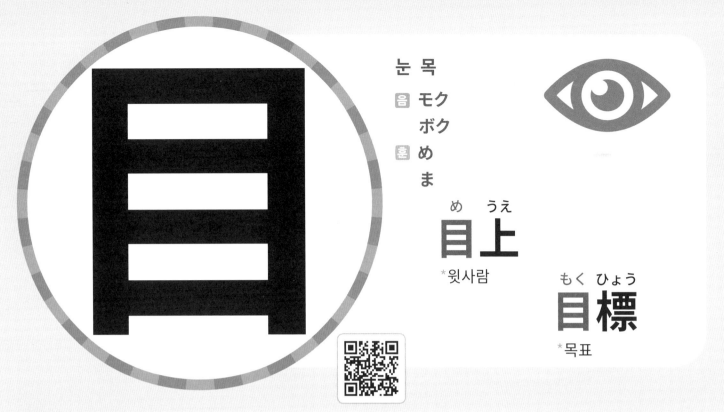

음 눈 목
モク
ボク
훈 め
ま

め うえ
目上
*윗사람

もく ひょう
目標
*목표

큰소리로 발음하면서 순서에 맞게 써보세요.

丨 冂 冃 月 目

目

もく てき
目的

ちゅう もく
注目

めん ぼく
面目

목적 | 주목 | 면목, 체면

문 문
음 モン
훈 かど

かど ぐち
門口
*집의 출입구

せい もん
正門
*정문

 큰소리로 발음하면서 순서에 맞게 써보세요.

｜ ｢ ｢ ｢ 門 門

門

せん もん
専門

ぶ もん
部門

にゅう もん
入門

전문 ｜ 부문 ｜ 입문

벗 우
음 ユウ
훈 とも

とも だち
友達
*친구, 벗

ゆう じん
友人
*우인; 친구, 벗

 큰소리로 발음하면서 순서에 맞게 써보세요.

一ナ方友

友

しん ゆう
親友

ゆう こう
友好

がく ゆう
学友

친우; 친구 | 우호 | 학우

있을 유
음 ユウ
훈 ウ
あ

ゆう めい
有名
*유명

あ
有る
*있다

큰소리로 발음하면서 순서에 맞게 써보세요.

ノ ナ 有 有 有

有

ゆう りょう	ゆう のう	こく ゆう
有料	有能	国有

유료 | 유능 | 국유

쓸 용
음 ヨウ
훈 もちいる

よう じ
用事
*볼일 , 용무

もち
用いる
*쓰다, 이용하다·

 큰소리로 발음하면서 순서에 맞게 써보세요.

用 月 月 用

用

り よう
利用

ひ よう
費用

しん よう
信用

이용 | 비용 | 신용

来

올 래
음 ライ
훈 くる
　　きたる
　　きたす

く
来る
*오다

おう らい
往来
*왕래

큰소리로 발음하면서 순서에 맞게 써보세요.

一 ヒ 平 来 来 来

来

来					

らい ねん
来年

ほん らい
本来

じゅう らい
従来

내년 | 본래 | 종래

154

설 립
음 リツ
リュウ
훈 たつ
たてる

た
立つ
* 서다

こく りつ
国立
* 국립

큰소리로 발음하면서 순서에 맞게 써보세요.

立 立 立 立

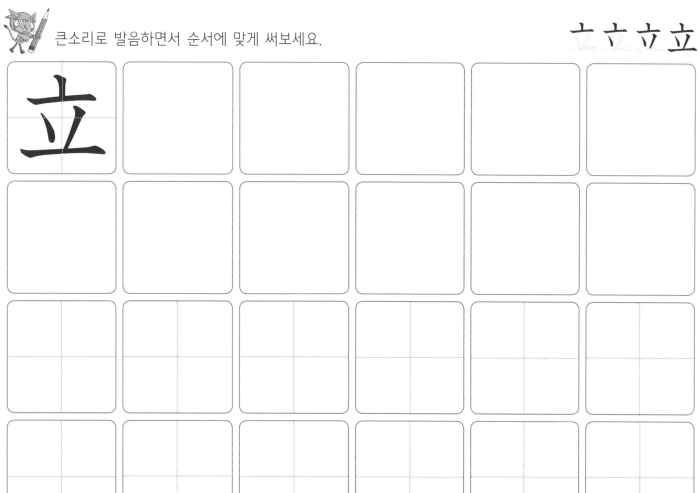

りつ あん
立案

せい りつ
成立

せつ りつ
設立

입안 | 성립 | 설립

힘 력
음 リョク
リキ
훈 ちから

ちから づよ
力強い
*마음 든든하다, 힘차다

のう りょく
能力
*능력

 큰소리로 발음하면서 순서에 맞게 써보세요.

フ力

じつ りょく
実力

ど りょく
努力

ごう りき
強力

실력 │ 노력 │ 강력

말씀 화
음 ワ
훈 はなす
はなし

かい　わ
会話
*회화

はなしちゅう
お話中
*통화중

 큰소리로 발음하면서 순서에 맞게 써보세요.

話話話話話話話話

話

せ　わ
世話

わ　だい
話題

どう　わ
童話

도와줌, 보살핌 | 화제 | 동화

一 한 일
음 イチ
　 イツ
훈 ひとつ

二 두 이
음 ニ
훈 ふたつ

三 석 삼
음 サン
훈 みっつ

四 넉 사
음 シ
훈 よん
　 よっつ

五 다섯 오
음 ゴ
훈 いつつ

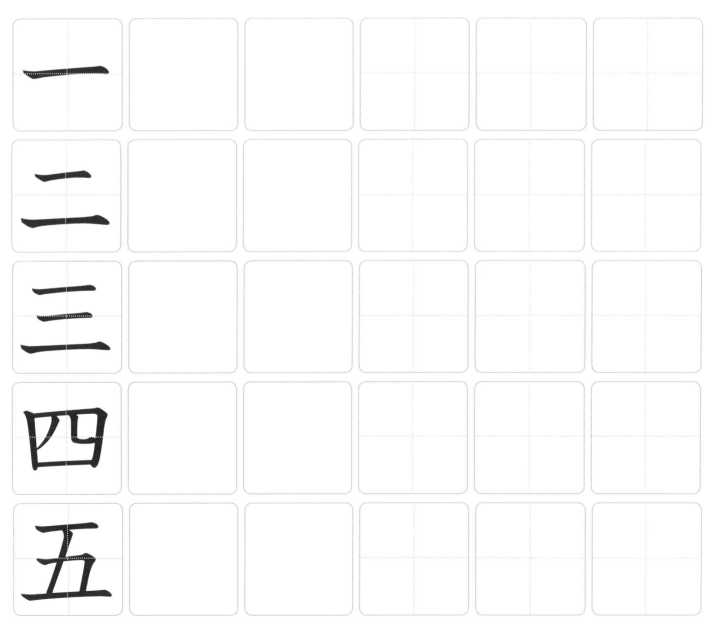

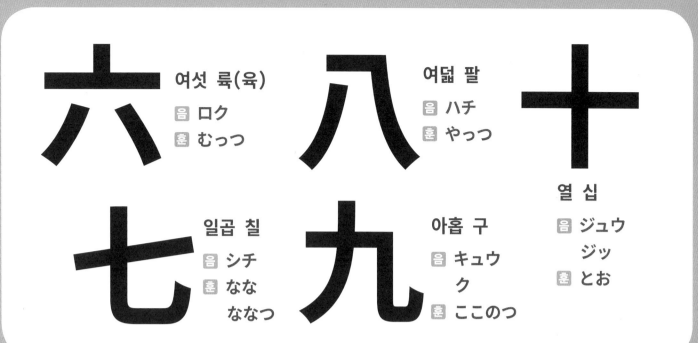

六 여섯 륙(육)
음 ロク
훈 むっつ

八 여덟 팔
음 ハチ
훈 やっつ

十 열 십
음 ジュウ
　 ジッ
훈 とお

七 일곱 칠
음 シチ
훈 なな
　 ななつ

九 아홉 구
음 キュウ
　 ク
훈 ここのつ

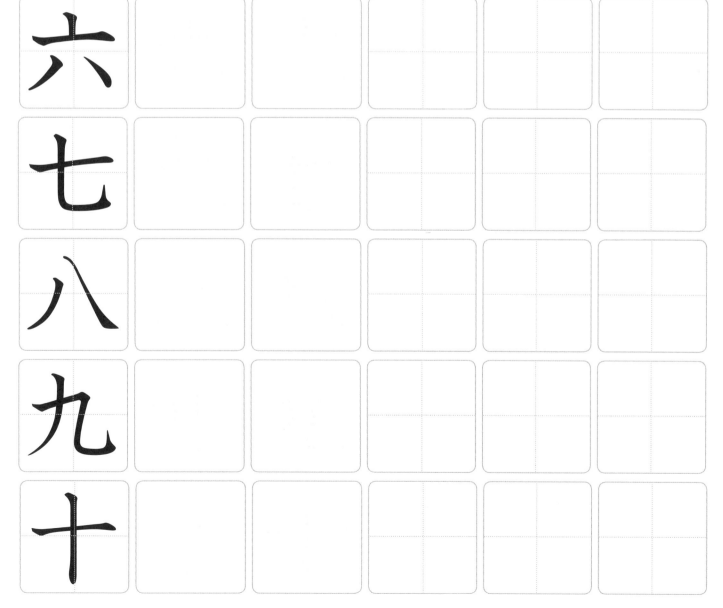